Helena y su papá

Helena y su papá

Pedro Pablo
Martínez Casillas

Helena y su papá
Pedro Pablo Martínez Casillas

Diseño de la cubierta:
    Equipo de diseño de Universo de Letras
Imagen de cubierta:
    ©Shutterstock.com

Obra publicada por el sello Universo de Letras
universodeletras.com

Primera edición: 2024

ISBN: 9788410004542
ISBN eBook: 9788410265684

*Dedico este libro a mi
queridísima hija Helena.*

Índice

Quiero expresar mi más profundo agradecimiento a José Luis Castro por su colaboración y, especialmente, por haberme zambullido en el maravilloso mundo de la poesía. Sin él este libro habría sido imposible.

Palabras Liminares

Tuve el privilegio de conocer a Pedro en mi destino de trabajo, en Malpica, pueblo al que le debemos tanto, en septiembre del 2021. Era el profesor de Música, uno de los más veteranos del centro, respetado por compañeros y alumnos.

Su invitación a un café de nuestra pequeña máquina de la sala de profesores fue el comienzo de una bonita amistad. La primera crisis se produjo cuando me dijo que la poesía era un género que no le gustaba. Siguiendo mis recomendaciones, se transformó en ávido lector de Antonio Machado, Juan Ramón Jiménez, Federico García Lorca, Antonio Gala, Gloria Fuertes,

Luis García Montero e Ida Vitale y otros que descubrimos a la par. Me demostró que era un alumno aventajado. Para mi sorpresa, componer versos se convirtió en su nuevo entretenimiento. Enviar textos a concursos, publicar sus primeros versos en revistas o ganar unos cuantos premios era algo que hacía ya de forma independiente. Fruto de su constancia surgieron sus publicaciones en revistas de México, Argentina, Venezuela o Colombia. Junto a los poemas, sus cuentos son su incursión en el mundo literario. Pedro, además de músico, es un orfebre de la palabra, así que supe desde el primer momento que sería un buen poeta.

Su primer poemario, *Poemas del pequeño ordenador* (Ediciones Alborismos, 2023), demostró su madurez en la escritura. Una miscelánea de sesenta poemas que apunta a lo cotidiano sin renunciar a la belleza de los placeres sibaritas y a la palabra bien formulada. Fechados todos ellos, forman una especie de biografía inundada por el arte poético, siendo necesarios los versos para confesarse, reírse o rendirle su homenaje a familiares, amigos y artistas. Es una nueva forma de analizar la realidad, a veces desde la soledad, la mayoría desde la alegría y el entusiasmo por vivir.

Helena y su papá se une a una tradición de obras dedicadas a los hijos, ahora desde la leticia y la ensoñación. Con él le manifiesta a su hija Helena su amor incondicional, ofreciendo su faceta más tierna; es un diálogo de niños siempre jovial, con la capacidad de crear un mundo mágico paralelo a una realidad a veces anodina y taciturna. Música, cuentos, lecturas e imágenes logradas pululan por este libro presentado como un secreto entre Pedro y Helena. A través de sus treinta composiciones observamos a un yo lírico lleno de matices, desde la alegría entusiasta hasta la nostalgia o el temor.

El arte y la verdad del sentimiento sincero permiten que tengamos una joya en nuestras manos, porque del amor más puro surgen sus mejores versos. Estas son solo unas razones para que, querido lector, compartas el secreto de Helena y su padre.

¡Gracias, Helena!
Merci Pedro!

José Luis Castro González

1
Sonatina en
re mayor

Bajamos un tono la sexta
y en RE suena la guitarra.
Es el timbre de la luz del sol,
amarilla,
con el brillo de la luna
que se refleja en tu mirada.

Una melodía suena
y te hace cantar.
Te gusta hacerlo
y que lo hagas me deleita.
¡Qué belleza!
¡Qué dulzura de armonía
como el colorido trino del canario
que no dormía!

Y tú siempre contenta,
con la música,
con los TikToks,
con tus bailes...

Y como la música,
te interesan los libros,
las manualidades,
la pintura,
tus muñecos,
los nuevos aires...
¿Hay algo que no te guste?
Todo te alegra, te ilusiona,
te embelesa.

Y cuando estás lejos
los extrañas, los deseas, los necesitas
y ellos a ti también
y te esperan con paciencia en la
habitación.
Cuando regresas, los saludas con un
beso.

Allí vas cuando retornas
y la sonatina de nuevo es tu canción
y tú, con tu linda voz, la entonas.

2
¿Cuántas veces te he dicho "te quiero"?

¿Cuántas veces te he dicho "te quiero"?
¿Cuántas veces me has dicho "me quieres"?
Siento un feliz orgullo de ti
y de ser tu padre.

Me das alegría, juventud, felicidad,
vivo una nueva vida gracias a ti.

Me gusta verte.
Me gusta cuando vienes a mi casa.
Me gusta cuando nos reímos...
Solo lamento no estar más tiempo contigo.

Quiero que tengas una vida rica y
plena.
Te daré todo cuanto pueda.
Y si algún día estuvieses desesperada
se me rompería el corazón
y se me partiría el alma,
pero haría lo imposible
para verte de nuevo alada.

3
Mi niña linda

Mi niña linda
que con tus pequeñas manos de oro
pintas hermosos cuadros sonoros,
locuaces,
y sin esfuerzo los haces,
pues de lo más profundo de ti nacen.

4
Soneto para Helena

Dulce Helena que como estrellas brillas,
belleza haces que oro llega a alcanzar.
Lo que quieras tú podrás conquistar
pues trabajas a las mil maravillas.

Disfrutas de la música, la danza,
los libros, la piscina, la playa y
otros muchos quehaceres que para ti
son tu vida y te causan confianza.

Niña de los bellos y oscuros ojos,
con tu grande corazón ves el mundo
pronto te pintarás los labios rojos.

Será cuando te siga un "Segismundo"
pero tú dejarás tus lazos flojos
y se quedará casi moribundo.

5
Helena marchaba por un camino de oro

Helena marchaba por un camino de oro.
De esmeralda el suelo que sus pies pisaban.
De repente observó un castillo al fondo
y el can le dijo:
—No entres que la noche está estrellada.

Cuando se acercó vio a una mujer en la ventana:
Pasa, no tengas miedo, no hago nada.
Helena entró y
entre cerezos y limoneros se encontró.

La mujer le dijo:
—Come que saben a granada,
no son de hielo, mi padre los bendijo.

6
"Estrella mía"

"Estrella mía",
¿Por qué brillas y luces
en este mundo?

No te eclipsa el sol.
No le dejas.
Con tu ser y tu no ser
haces madejas
para adornar tu parasol.

Dice la alondra:
—¿Cuándo vas a ser buena?
Tú respondes:
—Lo soy; amable y serena.

Y yo como padre añado:
educada, estudiosa y

trabajadora y tu vocabulario
bien suena.

7
Solo planté
una rosa

Solo planté una rosa
en el jardín del amor,
esa rosa eres tú
y brillas con tu propia luz.

La luz del Mar de Ardora,
plata pura en la noche serena
como tu forma de ser
y de conducirte por la arena.

Rosa roja, rosa pura,
¿quién habrá de tenerte?
Quien lo haga será para quererte
y será un amor que en el tiempo
perdura.

8
Surge como un rayo de las profundidades

Surge como un rayo de las
profundidades,
Helena aletea y juguetea en el agua.
Siempre quiso ser sirena
de las aguas dulces de la mar salada.

Se sumerge veloz y veloz pasa
entre rocas y arrecifes de coral.
Pececillos de colores la saludan
y ella, con cortesía, detiene su fluir y
con ellos habla y se entretiene.

Sirenita de cristal
que vives en el mar,
¡cuidado con la ballena!
aunque no la temas, Helena.

9
Lía

¿Te acuerdas de Lía cuando estaba
entre nosotros?
¡Qué bonita era!
Su etéreo cuerpo,
sus sonoras orejas que levantaba pre-
sumida cuando iba por la calle,
su pelaje color de otoño,
sus delicadas patitas con las que
andaba de puntillas cuando llovía,
el destello de sus ojos
y su locuaz hocico que nos decía "os
quiero"
Se tapaba con las mantas,
yo le enseñé.
Te daba besos cuando llegabas a casa,
tú no querías.

Pero ahora no está, ya se fue.
Aun así, continúa con nosotros.

"Viviste como una princesita
y mueres como una princesita"
le dijo tu madre en el último adiós.

10
Helena vive en una casa de cristal

Helena vive en una casa de cristal,
con un piano de marfil,
su ropa teñida con añil
y un gatito vestido de percal.

A veces se acerca un doncel
y salen a ver el peral
al jardín del palacio real
y al final comen un pastel.

El doncel vuelve triunfal
y encuentra a Helena al sol
que toma leche caliente en un bol
porque hace un día invernal.

Helena así dice al doncel:
—Me gustaría ponerme un tul azul
y que me llevaras a Estambul.
Iría hermosa como un pincel.

Responde a Helena el doncel:
—Mejor sería un chal,
le darías gracejo y sal
e iríamos en un lindo corcel.

11
La vila

Villajoyosa tiene una mar hermosa
hermosa como tú, pequeña princesa,
hermosa, graciosa, pequeña, preciosa
que paseas descalza por la dehesa.

Ir a "La Vila" siempre quieres
pues con la familia te entretienes
y buscas entre tus bienes
si algo para jugar tienes.

La playa no mucho te agrada
mas sí la transparente piscina
que se divisa desde la cocina
en la que hay una sirena grabada.

Pasear por la noche no quieres
pues la negra oscuridad temes

y aunque a veces hay centellas
contenta   te   encuentras   con   las
estrellas.

12
Sofía

Sofía es tu mejor amiga.
En ti confía y tú confías en ella.
Jugáis, lo pasáis bien,
os contáis vuestras vidas, vuestros
secretos...

Decís frases graciosas
"el burro aúlla y maúlla el perro"
y os morís de la risa.

Fuisteis al mismo colegio
y siempre compartisteis profesor.
Ahora se abre una nueva etapa,
en el instituto que será todavía mejor.

Habéis crecido, madurado, mejorado.
Mujeres ya sois
y una nueva vida emprendéis.

Amigas para toda la vida
es lo que deberíais ser.
¡Apoyaos mutuamente
siempre que lo necesitéis!

13
Dame un beso

—Dame un beso

—No quiero.

—¿Por qué?

—Porque estoy enfadada.

—¿Y yo qué te he hecho?

—Nada,
estoy adolescente.

—Pues te seguiré la corriente.
No te molesto más.

—Tú no me molestas eres mi papito
bonito.

—Gracias, cariño,
y tú mi niñita bonita.
Ahora ve y estudia un poquito.

14
Homenaje a
Gloria Fuertes

—¿Qué es eso?
—Es queso
que sabe a beso.
—¿Y me das un beso?
—Sí, pero si es travieso.
—¿Qué es ser travieso?
—Saber a queso.
—Pues te doy un beso
y te embeleso.

15
Hogwarts

Helena llega a Hogwarts,
ya es una señorita,
Minerva le dice:
—¿Tienes ya la varita?
—Sí, contesta Helena,
la compré en Ollivander
pues es el más grande—.
—¡Cierto!, dice la profesora.
Pero de ir a clase ya es hora.

Minerva es un "animago"
que se convierte en gato.
Están todos registrados
y por el Ministerio controlados.

Helena pertenece a Gryffindor
y Minerva es la jefa.

Vuela en una escoba
pero a veces tira alguna teja.

Agrada mucho a Dumbledore
porque es muy estudiosa,
saca buenas notas
y no es envidiosa.

Es feliz en Hogwarts
y en Gryffindor también,
con Snape no le gustaría estar
pues Draco suele molestar.

Su padre también es mago
y han grabado algunos vídeos
haciendo magia con un palo
para que lo vean los niños.

16
Un secreto tienen Helena y su papá

Un secreto tienen Helena y su papá
que nadie debería saber
pues un proyecto es.
Versos escribe Pedro
y Helena con colores dibuja sueños.

Utilizan una libreta
que José Luis a Helena regaló.
En Vigo la encontró
en una caseta de feria
pues a lo lejos con luz propia brilló.

Ya está casi llena
pero continúan Pedro y Helena.
¿Cabrán todos los versos

en las pocas hojas púrpura
del precioso cuaderno que brilla?

¡Cielos, esto ya no es un secreto!

17
Pajarito, pajarito

—Pajarito, pajarito,
¿adónde vas con ese canto de oro?
—Vuelo sin más
pues llega el otoño.

—Nubecita, nubecita,
¿por qué no dejas al sol lucir?
—Voy con mi algodón sonoro
y sigo mi fluir.

—Lagunita, lagunita,
¿por qué son tus aguas transparentes?
—Para que se bañe Helena
y no la lleve la corriente.

18
Helena tocaba
el violín

Helena tocaba el violín
y de sus cuerdas
hermosos sonidos salían,
lo que no le agradaba
era el estudio sin fin.

Violincito,
¿Por qué suenas tan bonito
cuando acabo de empezar?
Las notas solitas brillan
con una luz sin igual.

El ensayo me fatiga
y me cuesta continuar,
así que discúlpeme, usted.
A mis dibujos me dedicaré
y sobre mis patines danzaré.

19
Papi, ¿qué es la música?

—Papi, ¿qué es la música?
—Son los trinos de los pájaros
en sus nidos de los árboles
de rosas rojas.

—¿Y qué es la armonía?
—Es el canto de la perfección
en su día a día
con sus rosas amarillas.

—Papi, ¿y qué es el canto?
—Es, de las sirenas, el llanto
que se escucha sobre el manto
de las rosas rojas de la música.

20
¿Dónde están mis muñecos

¿Dónde están mis muñecos
que me cantan por la noche,
me cuentan cuentos
y me río a troche y moche?

¿Dónde están las nanas
que me cantabas de pequeña
cuando me acostaba
y estaba entre mis frescas sábanas?

Recuerdas la de Falla:
"Duérmete niño, duerme…"
Y la de Brahms:
"Guten Abend, gut Nacht…"

¡Qué bonitas eran
y qué bien sonaban
con tu pequeña y suave voz
en otoño y primavera!

Papi, ya soy mayor
y echo de menos las nanas de antaño
pero esperaré al verano
mientras las guardo en mi corazón.

21
Nana para Helena

Esta niña bonita
se está durmiendo,
viene el duende blanco
y le trae el sueño.

A la nana nanita
mi niña duerme,
entre los arbolitos
y el sueño que viene.

Una leyenda hay
que ya conocerás,
si no te duermes pronto
el coco te llevará.

A la nana nanita...

Duerme niña chiquita
que yo te acompaño
y te doy una rosa blanca
que conmigo traigo.

A la nana nanita...

Dulces historias soñarás,
te lo digo con el corazón
y mañana te sentirás
como plata en tu balcón.

A la nana nanita...

Jardines de oro
en tus sueños vas a hallar,
con flores diamantinas
y olor a azahar.

A la nana nanita...

En el jardín mágico
te vas a encontrar,

cogiendo bellos jazmines
y rosas del gran rosal.

A la nana nanita...

Las rosas son de bronce,
de plata y de coral
y cuando las tocas con tus dedos
se vuelven de verdad.

A la nana nanita...

Un pegaso montarás
blanco como la nieve,
con alas de plumas rosas
y llenito de oropeles.

A la nana nanita...

Duerme niña preciosa,
hoy no te canto más
pues la voz tengo cansada
y seguir no puedo ya

A la nana nanita
mi niña duerme,
con los luceros cerrados
entre las rosas que huelen.

22
En una fuente de piedra Helena bebía

En una fuente de piedra Helena bebía
el agua dulce y perlada que de ella
salía.
Agua a veces trenzada, otras
tornasolada
y Helena observándola mucho se
entretenía.

Gran sed de la rica agua tenía
pero fría y rápido bullía,
con cuidado y destreza se acercaba
al alto pedestal que la fuente tenía.

Al fin con ganas bebió
y casi entera se mojó.

Pero no le importaba
pues sirenitas vio y ella sonrió.

23
Princesita, princesita

Princesita, princesita,
¿cuál es la flor
más bonita
de mi rosal?

La rosa roja
que es la flor de la pasión
y la que enciende
el color del corazón.

Rosas benditas,
rosas de agua,
¿qué sabéis vosotras
de la pasión del alma?

Algo sabemos
pero no lo decimos
pues si lo hacemos
nos arrepentimos.

24
La Cascada

La barquilla nadaba río abajo
sobre las aguas doradas y la luz
esmeralda
que salía de las frondosas laderas del
riachuelo.

Se deslizaba tranquila, silenciosa,
deliciosa
y una niña preciosa la dirigía
hacia una cascada de estrellas y de
alegría.

La barquilla se acercó a la orilla
y Helena cogió caléndulas, crisante-
mos y rosas preciosas.

Rosas rojas, rosas amarillas y blancas
para adornar su barca que con dulzura
la mecía.

Al llegar a la cascada la barquilla voló
por los aires
y Helena emocionada saltó sin que la
viese nadie.

Las flores había cogido al vuelo
y en el agua no se habían hundido.
Una estrella le devolvió la barca
y con ellas la adornó de nuevo.

Estrella, mi estrellita.
—¿Cuál es la barca más bonita que
hay por las orillas?
La estrella dijo:
—La tuya pues las flores la hacen bella
y en ella se refleja del sol la luz amarilla.
—Gracias, estrellita, respondió la
niña Helena.
A la cascada volveré
y con vosotras jugaré.

25
Rosas y peces

Rosas prodigiosas
que relucís como el oro,
haced que el corazón de mi niña
florezca en otoño.

Peces de cristal
que por la tierra corréis,
no desaparezcáis
pues mucha falta me hacéis.

¿Cuándo iréis conmigo por el
sendero?
¿Quizá cuando Helena oculte al sol
y le quite las manchas de oloroso
aceite
que como otros astros
lleva oculto en su interior?

Seréis amigos de las rosas
y así de Helena también.
Aunque algunas son perezosas
en el mar de algas graciosas
que cuando lo veáis
ya me diréis.

En ese mar ocurre
que se abre una pequeña ostra
y una exquisita perla sale,
las rosas quieren cogerla
pero para ir al mar no valen.

Vosotros se la llevaréis,
con cariño y placer
pues no la necesitáis.
Y así que al museo vaya
la perla rosa evitaréis.

26
Buena nueva

Suave primavera
que el corazón alteras
con tu crepuscular luz
y tu aire de madera.
Haz de este grandioso día
una resplandeciente esfera.

Caballitos de colores
que voláis por los templados aires,
contadle a la primavera,
que es vuestra compañera,
la brillante buena nueva.

Otro bello sol ha nacido
que con el brillo del oro resplandece
y al crepúsculo se crece
cual niño en la cuna mecido.

¡Primavera hermosa,
cuan grandiosa apareces
después del oscuro invierno
que, aunque con cantar pálido y
tierno,
la luna embelleces!

Flores crías por doquier
y siempre una destaca,
es la rosa de Helena que moja,
con su rocío prendido,
los jardines que se le antoja.

27
El cielo

En los confines del cielo
purpúreo, blanco y suave negro,
vive una muchachita
de tez ebúrnea
y, como estrellas,
le brillan dos luceros.

El cielo es su casa
y en ella juega hasta la aurora
con las nubes de seda
y las estrellas que en él moran.

Allí hay un gran palacio
lleno de bermejos claveles,
levantado con alfileres,
con trabajo y bien despacio.

Jardines de oro tiene,
de bronce es la escalera
que brillan siempre alegres
como la primavera.

Una rosa a Helena acompaña
que de color rojo le gusta.
Los portones con ella abre
y las azules nubes se separan.

De diamantes son las puertas
como el cielo lo merece.
Un tiovivo da mil vueltas
en la entrada que florece.

Crisantemos alados produce
también lirios con luces hace,
rosas rojas no pueden faltar
y claveles blancos tienen su lugar.

El sedoso cielo es muy bello
de oropeles está lleno,
amatistas de colores
y animalillos que juegan sin dueño.

28
Sobre un peñasco
en el ocaso

Sobre un peñasco en el ocaso
había un castillo con finas almenas.
Los niños risueños jugaban
pues a nadie se veía en ellas.

Un día Helena fue a verlo
por dentro con mucha inquietud,
¡que muchas ganas tenía
pues no sabía lo que contenía!

Una viejecita salió
y a entrar la invitó,
merendar le ofreció
y chocolate con churros le dio.

Después le enseñó el castillo
que de piedra todo era,
con figuras de marfil
y una gran escalera.

Helena se despidió
Y la viejecita le dijo:
—Ven cuando quieras
y te enseñaré mis botijos.

29
Papito, papito

—Papito, papito,
¿por qué escribes poemas tan bonitos?
—Porque tú me inspiras,
en la mente giran y salen
y se convierten en realidades.

—¿Entonces es verdad lo que dices?
—No, son solo ideas bellas
para entretener a los niños
cuando se aburran y ya no jueguen
con las estrellas.

30
Y llegamos al fin

Y llegamos al fin.
Nuestro secreto proyecto
aquí termina
y aunque ya no es secreto
con una roja rosa culmina.

Hemos disfrutado,
escrito y dibujado hemos,
y una fragancia a rosas
que nos quede queremos.

Otros proyectos haremos,
seguro que con forma de rosa
y con ellos nos entretendremos.

La rosa tiene que ser roja
pues su rocío mejor la moja.

No olvidemos subir a MI la sexta rosa roja.

Pedro Martínez Casillas. A Coruña, 7-8/2022